ENFANCE EN POÉSIE

GUILLEVIC
Échos, disait-il

VICTOR HUGO
Chanson pour faire danser en rond les petits enfants et autres poèmes

GEORGES JEAN
Écrit sur la page

JEAN DE LA FONTAINE
Fables

JACQUES PRÉVERT
En sortant de l'école et autres poèmes

JACQUES PRÉVERT
La pêche à la baleine

RAYMOND QUENEAU
Paris-ci, Paris-là
et autres poèmes

ISBN : 978-2-07-065540-3

Crédit photographique :
p. 28, dessin de Jean Moscatelli, archives Edmond Jabès,
cliché Patrick Lorette, © J. Moscatelli, droits réservés
Numéro d'édition : 254769
Loi n° 49-956 du 16 juillet 1949
sur les publications destinées à la jeunesse
Dépôt légal : août 2013
Imprimé en France par I.M.E.

ENFANCE EN POÉSIE

EDMOND JABÈS

Petites poésies pour jours de pluie et de soleil

illustré par Nicolas Thers

GALLIMARD JEUNESSE

Citadelle imprenable, la poésie, ou ville ouverte ? Les deux et aucune à la fois. Il suffit de pousser la porte des mots qui n'est jamais verrouillée et d'entrer dans le poème qui n'attendait que ça pour se mettre à chanter, à danser, à rire à mots déployés. Comme un accordéon ou comme le soufflet du forgeron. Mais que dites-vous là ? Ces choses-là n'existent plus. Justement, c'est le secret : il suffit de les nommer pour que les choses se mettent à exister, à danser, à chanter, à rire. La poésie, c'est un peu cela : faire exister ce qui n'existe pas. Le ciel par exemple qui n'est qu'un gaz, et pas bleu du tout ; le cœur qui pleure ou qui rit alors que le muscle du même nom se contente de battre le sang flic floc flic floc.

Ne parlons pas de l'âme que nul n'a jamais vue quand tout le monde sait qu'il faut la rendre pour mourir. Je vous le disais : poussez la porte des mots et vous entendrez sonner les cloches du réel, du possible, de l'impossible qui n'est pas français comme chacun sait. Car chaque mot a un son qui diffère selon la compagnie que le poète lui a choisie. Enfin : que le poème a choisie à la place du poète. Car le poète est une oreille d'abord puis un porte-voix. Il transmet ce qui lui est dicté par les mots qui lui viennent, les images qu'il voit, la musique qui le conduit. Le poème est la maison qu'il bâtit avec ces mots-là. Elle n'attend que vous pour faire la fête. Hop là, poussez la porte !

Guy Goffette

L'ARBRE VOLANT

Que les bois aient des arbres,
Quoi de plus naturel ?
Que les arbres aient des feuilles,
Quoi de plus évident ?
Mais que les feuilles aient des ailes,
Voilà qui, pour le moins, est surprenant.
Volez, volez, beaux arbres verts.
Le ciel vous est ouvert.
Mais prenez garde à l'automne, fatale
Saison, quand vos milliers et milliers d'ailes,
                    redevenues feuilles,
                              tomberont.

CIEL ET TERRE

Un chien bleu
avec des poils gris.
Un chat gris,
avec des yeux bleus.

Un mur blanc et chaud.
Le chat dessus. Le chien dessous.
Et un oiseau s'amusant bien
Tout là-haut. Tout là-haut.

Ciel bleu. Terre grise.
Pour les vivants, point de surprise.
Le monde sera toujours ce qu'il est,
Comme le chien et comme le chat,
Comme l'autruche et le chameau,
Comme l'aube et le crépuscule
et comme le rêve de ce bel été
qui recule.

LE GÉANT

Il y avait, dans ce coin du monde,
Un homme grand, très grand ;
Si haut de taille qu'on ne voyait pas sa tête ;
Si transparent, qu'on ne voyait pas son corps,
Seuls ses pieds nus défiaient les regards.
Un jour il disparut. Et les gens de l'endroit
décidèrent de le suivre. Jusqu'où ? on ne le sut jamais.
La terre était trouée de toute part
mais nulle trace de vie n'était décelable.
De temps en temps, au-dessus des arbres secs,
le passage d'un vautour, détourné de sa route,
donnait, au paysage, sa véritable physionomie
celle d'un monde insolite, où l'on ne chante pas,
où l'on ne chante plus, ni danse, ni… ni…

L'ÂNE EN PEINE

Un âne avait beaucoup de peine
à raconter sa vie d'âne
à un beau cheval blanc
qui le narguait.

« Exprime-toi comme un cheval »,
lui disait le cheval.

Et l'âne lui répondait :
« Je ne puis que m'exprimer comme un âne
puisque j'en suis un. »

Et le cheval irrité lui disait :
« Un âne se tait devant un cheval.
Ne te l'a-t-on pas appris ? »

Et l'âne pleurait, pleurait.
Et ses larmes – c'était un matin d'été torride –
rafraîchissaient le sol qui, à sa façon,
le remerciait.

LA PETITE FILLE ET LA POUPÉE

Une petite fille, qui n'avait plus sa maman,
aimait sa poupée tellement
qu'elle lui inventa une vie
plus heureuse que la sienne.
S'étant adaptée à sa nouvelle existence
sans remords la poupée, un jour, la quitta.
Petite fille, petite fille, qui désormais te consolera ?
Ta douleur est celle du monde.
Les nuages ont emporté le soleil.
Le ciel scintille de tes grosses larmes,
la nuit, quand les enfants dorment et rêvent.

L'OURS BLANC ET L'OURS BRUN

L'ours blanc – c'est son droit –
n'aimait pas l'ours brun
qui le lui rendait bien.
Un chasseur, un matin, survint
et de trois balles de son vieux fusil
blessa sérieusement l'ours brun.

L'ours blanc en fut tout ému. Aussi quand le chasseur voulut, la croyant morte, s'approcher de sa victime,

l'ours blanc bondit sur lui et, d'un seul coup de patte, l'assomma. L'ours brun, malgré sa douleur, sourit. Et l'ours blanc s'en réjouit, se souvenant qu'ils étaient frères. Plus tard, ils dévorèrent, à eux deux, l'aventureux chasseur malchanceux.

LE VER DE TERRE

Une perle noire ou blanche.
Deux petits pois verts et ronds.
Trois oiseaux sur la branche,
Un ver de terre humilié.

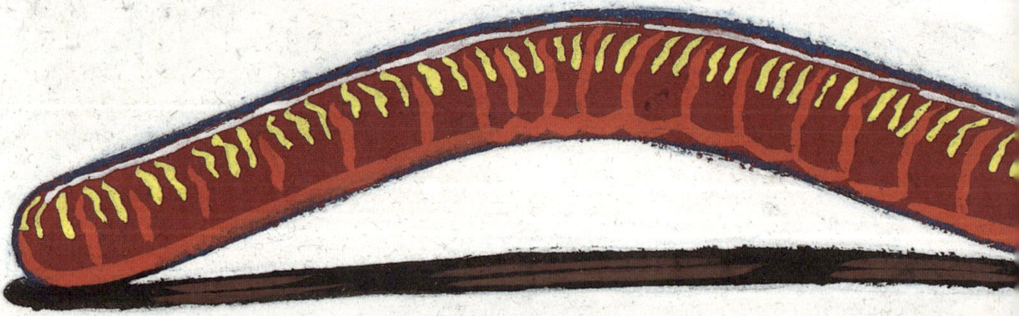

Pauvre ver, couvert de terre humide.
L'oiseau vole très haut dans les cieux.
Le petit pois roule autour du monde.
Mais toi, tu rampes à nos pieds,
Si lentement, si discrètement que
L'univers et nos yeux, pourtant, ouverts
Ne t'accorderont jamais la moindre attention.
Un jour, par mégarde, un homme t'écrasera.
Un jour, prends garde, un oiseau te dévorera.

LE LANGAGE DES BÊTES

Pour parler aux chats,
il faudrait apprendre
le langage des chats
et le langage des chiens
pour parler aux chiens.
Ainsi, pourrions-nous
mieux les comprendre
et les apprécier davantage.
Et, peut-être, qui sait ?
les aider à moins se détester.

Mais ne t'avise pas,
à parler au lion,
le langage du lion.
Ni au tigre,
le langage du tigre.
Tu risquerais la vie.
Tant pis. Tant pis. Tant pis.
Ces animaux, nul ne l'ignore,
sont plus cruels que bavards.

LE MOUTON ET LE CORBEAU

Un jeune mouton
tout blanc, tout blanc
et un vieux corbeau
tout noir, tout noir
devisaient sagement
dans un pré accueillant.
« Je rêve d'avoir des ailes
comme toi, dit le mouton.
Je pourrais à volonté
me rouler dans le ciel
sans crainte, ni surprise. »
« Moi, dit le corbeau, je hais
le ciel pour trois raisons.

D'abord il est vide et trop haut,
ensuite parce que, le plus souvent,
il est couvert d'épais nuages
et, enfin, parce qu'aucun oiseau
ne peut s'y tenir debout.
Veux-tu savoir de quoi je rêve ?
D'un tendre fromage de chèvre.»
Et, sans un mot d'adieu, s'envola
vers le vaste pays de l'oubli,
un pays d'air, de vent, de neige, de pluie
mais aussi de soleil, à ses meilleurs moments.
Abandonnant le mouton, tout interdit,
à son champ délimité, aux couleurs
de paresse et de mélancolie.

LA LIBELLULE ET LE COLIMAÇON

Une libellule s'était
entichée
d'un timide colimaçon.
« Mon aimé si gracieux
avec de petites cornes
pour porter les yeux »,
lui disait-elle.
Mais qui peut entendre
les paroles d'une libellule ?
Certainement pas
un colimaçon
qui, de surcroît,
a mauvaise vue.

SOLITUDE

Une parole sans musique
Une musique sans paroles
Une parole de silence
Un silence sans parole.
Et puis
rien, vraiment
plus
rien.

EDMOND JABÈS

Edmond Jabès

Edmond Jabès est né au Caire, en Égypte, le 16 avril 1912 dans une famille de la bourgeoisie juive, de culture française. Il a une douzaine d'années quand sa sœur meurt devant lui, emportée par la tuberculose. Il en gardera une blessure irréversible.

Après le primaire, il va au lycée français. Il lit Jules Verne, *Fantômas, Les Mille et Une Nuits.* Vers treize ans, il découvre la poésie ainsi que le théâtre. Il écrit ses premiers textes. En 1929, il passe son baccalauréat et milite dans les rangs antifascistes italiens. Devenu agent de change, il se marie en 1935 avec Arlette Cohen. Ils auront deux filles et cinq petites-filles. C'est au cours de son voyage de noces en France qu'il rencontre le poète Max Jacob : « Il m'a appris à être moi-même, c'est-à-dire différent », dira Edmond Jabès de celui qui fut son guide et son père spirituel. À partir de 1946, il noue de précieuses amitiés avec des écrivains de passage au Caire, tels Philippe Soupault, Roger Caillois, Henri Michaux, tissant un réseau de plus en plus étroit avec la France. Lien favorisé par une amitié exceptionnellement féconde avec Gabriel Bounoure, professeur de lettres en poste au Caire et critique littéraire. Au moment de la crise de Suez, Jabès est contraint de partir s'installer en France avec sa famille, en 1957. Il travaille dans une maison de production de films publicitaires, puis il fonde sa propre société. En 1959, il publie, sous le titre *Je bâtis ma demeure,* ses poèmes et aphorismes, écrits entre 1943 et 1957. « Mon seul livre de poésie », disait-il. Pourtant il écrit plus tard : *Récit* (1979) et les courts poèmes

de *La Mémoire et la main.* Les années 1960 et 1970 marquent sa reconnaissance en France par la communauté intellectuelle. Entouré de jeunes poètes, d'écrivains, de philosophes et de peintres, il poursuit une œuvre singulière, inclassable éditée en quinze volumes: *Le Livre des questions* (sept volumes), *Le Livre des ressemblances* (trois volumes), *Le Livre des limites* (quatre volumes) et *Un étranger avec, sous le bras, un livre de petit format.* En 1990, il publie en poche *Le Seuil, le sable, poésies complètes* 1943-1988 (Gallimard). Il obtient le grand prix national de la Poésie, en 1987. Edmond Jabès meurt le 2 janvier 1991.
Un jour, on lui avait reproché de ne pas écrire pour les enfants. Un peu plus tard, il s'est mis à sa table et a composé les dix poèmes de ce recueil. Edmond Jabès aimait les enfants. Il se sentait très proche d'eux. Les rappels de l'enfance sont constants dans son œuvre. Né près du désert, il pensait que, lorsqu'on est perdu dans cet espace entre ciel et terre, les images de l'enfance, la mémoire de l'enfance ressurgissent. Pour pouvoir écrire, il devait faire le vide en lui et recréer, d'une certaine façon, le désert en lui…
Il disait aussi: « On n'explique pas la poésie: on l'invente. »

NICOLAS THERS

Nicolas Thers a commencé son métier d'auteur et d'illustrateur en travaillant pour les enfants. Il a poursuivi sa démarche en travaillant avec eux, sous la forme d'interventions et d'ateliers mêlant art et sciences. L'aboutissement en a été la conception d'expositions pédagogiques, dont «Pyramide, histoire d'une forme», en 2013.